EL DIOS
QUE NO CONOCÍA

Elizabeth Presinal

El Dios que no Conocía

Copyright © 2023 by Elizabeth Presinal (Edición revisada)

Todos los derechos reservados. Ninguna parte de esta publicación puede ser reproducida o transmitida en cualquier forma o por cualquier medio sin pe rmiso escrito del autor.

All rights reserved. No part of this book may be reproduced or transmitted in any form or by any means without written permission from the author.

Autor: Elizabeth Presinal

Editor: Archipel Soluciones Gráficas

Book Cover & Layout Design: Salcedo Flyer

Fotografía portada: Manuel Sarante

ISBN: 9798390899625

Visitanos en: https://www.facebook.com/elizabeth.presinal.

Youtube: PastoresHenry&ElizabethPresinal

Email: elizabethpresinal@outlook.com

Contacto: 978-601-6951

Pastora Elizabeth Presinal

ÍNDICE

PRÓLOGO..6

AGRADECIMIENTOS...9

Capítulo 1
MI INFANCIA...11

Capítulo 2
UN MAL PRESENTIMIENTO..17

Capítulo 3
EXPERIENCIAS ESPIRITUALES..22

Capítulo 4
VIAJE INESPERADO... 27

Capítulo 5
DE NIÑA A MUJER..31

Capítulo 6
¿QUIÉN SOY?... 35

Capítulo 7
LOS MISTERIOS DE DIOS..41

Capítulo 8
DÍA DE SALVACIÓN..45

Capítulo 9
NUEVA VIDA EN CRISTO...50

Capítulo 10
REGENERACIÓN..55

Capítulo 11
PROPÓSITO..59

Capítulo 12
¿A DÓNDE?... 67

ORACIÓN DE FE.. 75

SOBRE EL AUTOR... 77

PRÓLOGO

Sería imposible ignora la marca que Dios deja en la vida de alguien cuando Él hace cambios transcendentes, como lo evidencia la vida de Elizabeth Presinal y como su mano se manifiesta de tal forma, que la persona se convierte en un reflejo de su poder. La Biblia nos muestra diferentes personajes tales como: Pedro, José y Moisés que, aún en medio de sus circunstancias, le mostraron al mundo que Dios es capaz de hacer lo imposible cuando le entregas tu vida a Él.

Doy gracias a Dios por la oportunidad otorgada de conocerle y dar testimonio de su antes y después. Hoy Elizabeth es una sierva de Jesucristo, que ejerce un ministerio evangelístico junto a su esposo Henry Presinal, y están dedicados al servicio de Dios con mucha entrega y pasión.

Este libro te motivará a encontrar la valentía y fuerzas para seguir hacia adelante. A la vez, también te ayudará a establecer una relación íntima con Dios para poder alcanzar sus divinos propósitos. Impregnada en sus líneas, entenderás a profundidad, a un corazón agradecido. En sus capítulos lleva una enseñanza y reflexión para tu vida. Te invito que a través de estas páginas, tomes un viaje hacia la vida de nuestra hermana, donde podrás ver el poder transformador de Dios en acción.

Pastora Natalie Jiménez

A través de las experiencias de Elizabeth Presinal, el Espíritu Santo te llevará a apasionarte de Dios como nunca. Ella es una evidencia de que hay un Dios amoroso y transformador. Cuando conocí a Elizabeth, con tan solo verla, pude ver que el propósito de Dios era grande para con su vida, a pesar de que no representaba nada de lo que Dios tenía planeado con ella en ese momento.

Una joven determinada, incansable en realizar las cosas que se propone para Dios, es como una mezcla de paloma y leona. Apacible y luchadora al mismo tiempo y lo mayor de todo entregada incondicionalmente a la maravillosa persona del Espíritu Santo.

Este libro te inspirará a seguir caminando firme en los proyectos de Dios, sabiendo que no importa tu pasado ni tu presente, Dios es capaz de hacer un extraordinario futuro para tu vida.

Pastor Jeremiah Jiménez

AGRADECIMIENTO

La vida es el mejor regalo, y una de las características de este regalo es que la podemos compartir y disfrutar con quienes amamos, podemos ayudar y guiar a muchas personas si ellas lo permiten, pero también podemos ser ayudados y guiados durante nuestra vida. Por esta misma razón, mediante estos agradecimientos, quiero exaltar a Dios, pues no tengo como agradecerle su bondad y misericordia, gracias a él hoy puedo contar mi historia, pues mi mayor motivador ha sido él.

CAPÍTULO 1
MI INFANCIA

*Si contamos nuestro testimonios
por la bondad de nuestro Señor Jesucristo.*

*Todos han pasado situaciones difíciles,
pero no todos están vivos para contarlo,
por esta razón quiero compartir parte
de mi historia a través de este libro.*

República Dominicana, cuya capital es Santo Domingo. Situado en el Archipiélago de las Antillas Mayores y en la parte oriental de la isla La Española, que comparte con Haití. Es conocida como "La Isla de La Hispaniola", en virtud de la belleza de sus playas y la amabilidad de la gente e inagotable fuente histórica.

Pese a que somos afortunados en poder disfrutar de las playas, comida típica sabrosa, música y tantas cosas hermosas, es inevitable ver como país tercermundista la pobreza social y gran inequidad para el acceso a los alimentos, educación, a la salud y empleos.

En los tiempos de los 80 era muy común ver las adolescentes quedar embarazadas, abandonando sus estudios (si es que tuvieron la oportunidad de estudiar) en busca de una "mejor vida".

Mi madre fue víctima de esto, quien con apenas 16 años tuvo que experimentar el sabor agridulce de ser mamá cuando tan solo pasaba de niña a mujer. Por la inmadurez y la incompatibilidad de caracteres terminó separándose de mi padre cuando yo apenas tenía 2 años de edad.

Ambos rehicieron sus vidas con otras personas, tristemente mi madre fue la más afectada en su decisión, pues calló en manos de un hombre abusivo, por esa misma situación de violencia doméstica yo no podía vivir con ella, ni visitarla. Así que mi padre hizo todo lo necesario para llevarme fuera del país, llegamos a Tenerife, islas canarias en España y allí vivimos los primeros años de mi infancia, experimentado la triste ausencia de mi madre.

Un hombre solo criando una niña pequeña y teniendo que trabajar a la vez, ¡no es cosa fácil! Luego de varios años papi decidió llevarme de regreso a República Dominicana, a casa de mi abuela paterna. No solo estaba ausente mi madre, sino que mi padre tampoco estaría conmigo. ¡No tengo palabras para explicar ese sentimiento de soledad que sentía en ese momento! Levantarme cada mañana en un lugar desconocido, rodeada de gente, pero sola. ¡Sin los tiernos besos de una madre y los fuertes abrazos de un padre! ¡Si tan solo alguien hubiera hablado conmigo, si tan solo alguien me hubiera preguntado cómo se sentía vivir bajo un mundo nuevo de soledad y precariedades!

¿Por qué será que los adultos toman tantas decisiones sin contar con la opinión de sus niños?

¿Por qué será que los adultos toman tantas decisiones sin contar con la opinión de sus niños? ¡Me imagino que en el mundo de los adultos cualquier decisión que se tome está bien! ¡Pero vaya! Cuanto duele ser llevado de un lado a otro eximiéndote de lo más importante, ¡Amor!

Mamá, así le llamaba a mi abuelita, ella vivía en una casita de madera en lo alto de una montaña, un área rural de la ciudad de Santiago. Cada mañana me despertaba el olor del café y el sonido del Rosario (un rezo tradicional católico) que se transmitía en la radio todos los días a la misma hora. Aunque no entendí en lo absoluto porque tenían que repetir tantas veces lo mismo, debo confesar que para bien o para mal tuve la dicha de acercarme a Dios, confieso no era mucho lo que podía entender a mi corta edad, ciertamente sabía que había un ser supremo, pero desconocía la manera correcta como debía acercarme a él.

Todos los domingos nos alistábamos bien de mañana para ir a la capilla católica del pueblo. La mayoría de las personas incluyéndonos a nosotros teníamos que caminar aproximadamente 2 kilómetros para llegar hasta la iglesia más cercana.

¡Pero que aburrido se sentía! Hacía mucho calor, las bancas de madera eran incómodas y no podía entender ni una sola palabra de lo que decía el sacerdote. Esperaba con ansias a que terminara la misa porque al final tenía la libertad de correr con mis amigos de un lado a otro mientras los adultos se despedían.

Cuando llegaba la noche solía sentarme enfrente de nuestra casa a contemplar el cielo, mi única compañía era el susurro nocturno y el canto de los grillos, los árboles de bambú se movían de un lado a otro por el impulso de la fuerte brisa fría que soplaba. En ocasiones mis lágrimas corrían por mi mejilla mientras miraba al cielo y cuestionaba a Dios, un Dios que no conocía. No estaba segura si él podía escucharme, mucho menos hablarme, pero aun así le preguntaba ¿por qué estoy en este lugar? ¿Por qué mis padres no están conmigo? ¿Por qué soy la única niña que no puede tener una familia unida? Me encontraba triste, desorientada y con muy poca motivación de seguir adelante.

Amado lector, no imaginas lo difícil que fue esta situación para mí, las decisiones de mis padres, las preguntas sin respuestas, el dolor que aún persistía y las partes que no podía cambiar.

Posiblemente seas padre o madre o estés considerando serlo en algún punto de tu vida, si es así, me gustaría que atiendas a lo siguiente, dice la palabra de Dios que "como flechas en las manos del guerrero son los hijos en la juventud. Salmos 127:4". En otras palabras, los hijos son dados como un encargo precioso. Como una flecha que no puede dirigirse por sí sola, sino que necesita del arquero para alcanzar el blanco, así cada padre es responsable de dirigir a sus hijos.

Su formación es responsabilidad nuestra como padres, un día nuestros hijos serán adultos y tomarán sus propias decisiones, sin embargo, nosotros somos los responsables de establecer ese fundamento. Desafortunadamente nuestras malas decisiones como padres pueden hacer cada vez más difícil que nuestros hijos tomen herramientas prestadas de nosotros para construir sus vidas. Puede ser que todo lo que les enseñemos pierda validez a medida que tomamos decisiones equivocadas.

CAPÍTULO 2
UN MAL
PRESENTIMIENTO

"Oh Jehová, tú me has examinado y conocido".
Salmos 139:1

El Dios que no conocía

Por fin llegó el momento esperado, mi padre llegó de sorpresa una tarde mientras yo jugaba en frente de la casa. ¡Qué felicidad, poder abrazarlo y saber que estaba cerca!

Al pasar los días nos mudamos de casa de la abuela a un apartamento en la ciudad de Santiago, República Dominicana. Este sería un lugar provisional hasta que nos entregaran una casa que mi padre había alquilado. Mientras estábamos en espera del que sería nuestro nuevo hogar, llegaron mis vacaciones de la escuela. ¡Qué gran noticia! Papi me permitió visitar a mi mamá por unos días, estaba sumamente feliz de poder compartir con ella y mis hermanos uterinos.

Una noche mientras cenábamos en la mesa sonó el teléfono, era mi papá, diciendo que ya le habían entregado la casa. ¡Qué emoción! Aunque estaba muy a gusto en casa de mi mamá me fascinaba el

No mi hija, vamos a rezar y verás que nada malo va a ocurrir

hecho de que tendría una casa nueva donde iba a poder celebrar mis doce años en los próximos meses.

En cuanto regresé con mi padre, le dije – Papi tengo un mal presentimiento, no sé, es como si algo grande me fuera a suceder.

Él me dijo – No mi hija, vamos a rezar y verás que nada malo va a ocurrir. Así lo hicimos, rezamos y al día siguiente llegó el momento esperado: ¡La mudanza!

Julio 28 del 1998, era uno de los veranos más calurosos en Santiago; el ambiente era seco y a la vez se sentía un viento de muerte o tristeza. No sé cómo explicarlo, pero yo podía percibirlo de esa manera, ese día las cosas no estaban bien.

Justo cuando terminamos de almorzar, papi me dejó en el apartamento organizando las cosas restantes, mientras él se encargaba de buscar una camioneta para el traslado de las cajas, antes de irse me pidió que cerrara la válvula del tanque de gas y desconectara la manguera de la estufa (En República Dominicana se utilizan tanques de gas propano, es un sistema de almacenamiento del gas licuado de petróleo y sirve para cocinar).

Con mucho cuidado comencé a cerrar la válvula de gas, para sorpresa mía la tapa estaba corrida (tenía un defecto de fábrica) instantáneamente se disparó y todo el gas comenzó a escaparse. Atemorizada por lo sucedido corrí de un lado a otro agarrando mi cabeza con las manos, no sabía que hacer, así que salí del apartamento, bajé las escaleras y pedí ayuda a mi vecina. Ella me tomó del brazo y me dijo, −ven, ¿vamos a ver qué es lo que está sucediendo? Sus dos hijas corrieron tras ella.

Todo el gas se había fugado en el apartamento, justo cuando todas acabábamos de entrar en un abrir y cerrar de ojos todo el lugar se incendió en llamas, todas fuimos afectadas, ellas lograron salir primero, cuando por fin logré salir escuché una gran explosión detrás de mí.

Bajé las escaleras, esta vez con quemaduras en todo mi cuerpo, una de las personas que estaba en el área nos llevó a un consultorio cercano. Al llegar a este lugar yo podía ver los rostros asombrados de las personas que estaban en la sala de espera. Rápidamente subieron a la ambulancia para trasladarme al hospital.

Mientras íbamos de camino a emergencias, escuchaba a las niñas que se habían quemado juntamente conmigo gritar, "¡Señor, ¡no nos dejes morir!" yo asumí que ellas clamaban a Dios, el Dios que no conocía y de igual forma me uní a su clamor —¡Dios no me dejes morir!

CAPÍTULO 3
EXPERIENCIAS ESPIRITUALES

"El que no es espiritual
no acepta las cosas que son del
Espíritu de Dios, porque para él son tonterías.
Y tampoco las puede entender,
porque son cosas que tienen que
juzgarse espiritualmente."
1 Corintios 2:14 DHH

Con quemaduras de 1.er y 3.er grado en casi el 70% de mi cuerpo llegué a la sala de emergencias. Los médicos se sorprendían al ver nuestra condición. Mientras me desvestían mi piel se desprendía, sentía un dolor insoportable. Me acomodaron en una camilla y poco a poco caí en un sueño profundo. No estaba consciente del tiempo que había transcurrido. Cada día debían hacerme curaciones a sangre fría, lavaban mis brazos con yodo utilizando vendajes, ponían una especie de crema o ungüento y vendaban mis brazos hasta el siguiente día.

 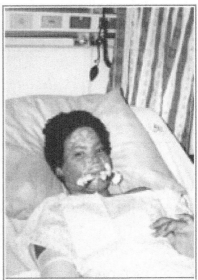

Elizabeth antes y cuatro meses después del accidente

La desesperación se apoderaba de mi familia; un sentimiento de impotencia los arropaba, pues los médicos no me aseguraban la vida. ¡Solo un milagro podía salvarme!

Mi familia, aunque con un conocimiento muy limitado acerca de quién era Dios, se aferraron a él, rezando día y noche, creyendo que Dios y nadie más que él podía hacer ese milagro.

Después de varios días en estado crítico, sucedió algo inesperado mi corazón se detuvo, vi como mi cuerpo espiritual o alma salía de mi cuerpo, siendo llevada por dos personajes vestidos de blanco, uno iba a mi lado derecho y el otro a mi lado izquierdo, subíamos por una escalera de oro que llegaba al cielo, justo al final de la escalera había una entrada cubierta de nubes.

Me llamó la atención que a un lado en la parte posterior había un enorme lago lleno de lava de fuego bien espeso de color rojo, estaba repleto de personas completamente desnudas, una encima de otra, gritaban desesperadamente.

... déjenla, todavía no a llegado su tiempo.

Entre la multitud pude reconocer a una persona, gritaba —¡Elizabeth, por favor ayúdame, ayúdame! ¡Cuánto me hubiera gustado poder ayudarle!, lastimosamente no podía hacer nada. Los personajes vestidos de blanco continuaban ascendiendo. Al llegar a la mitad de la escalera, escuché una voz como un estruendo que dijo, – déjenla, todavía no ha llegado su tiempo. En ese mismo instante caí sobre mi cuerpo en la camilla del hospital, podía escuchar como los médicos hablaban. Para sorpresa mía, me estaban reviviendo, pero quien me trajo de vuelta a la vida fue Dios.

En otra ocasión mientras continuaba debatiendo entre la vida y la muerte, el Dios que no conocía me dijo con voz audible, que yo no iba a morir, porque él haría cosas grandes conmigo en esta tierra.

¡Alabado sea el nombre del Señor!

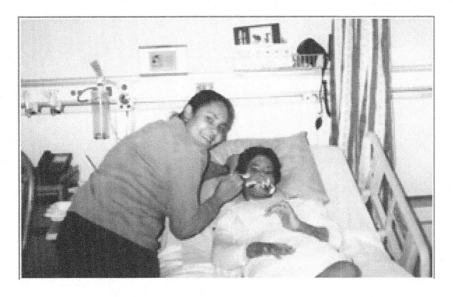

Elizabeth cuidada por su madre en el hospital de Boston, Massachussets.

Proverbios 31:29 dice "Muchas mujeres hicieron el bien; pero tú sobrepasas a todas". ¿Quién como mi madre? Estuvo conmigo en uno de los momentos más difíciles de mi vida.

CAPÍTULO 4
VIAJE INESPERADO

"Por la misericordia de Jehová
no hemos sido consumidos,
porque nunca decayeron sus misericordias.
Nuevas son cada mañana; grande es tu fidelidad.".
Lamentaciones 3:22-23 RVR1960

Quién iba a imaginar, que todo lo que yo había deseado, ver a mi padre y mi madre a mi lado, sería posible, aunque ellos estaban únicamente juntos por la condición en la que yo me encontraba. No porque se habían reconciliado.

Ahora tenía una casa grande, pero no podía disfrutarla, mis padres estaban bajo el mismo techo, pero no podían dialogar, ya que todo era motivo de discusión entre ellos. Esto fue creando en mí cierto dolor en mi corazón que crecía en silencio. Llegaban tantas preguntas a mi mente y ninguna respuesta. Todos mis sueños se troncharon; ya mi vida no tenía ningún sentido. No quería salir de mi cuarto, ni que nadie viera en la condición que me encontraba.

No sé cómo mis padres escucharon hablar acerca de Shriners Hospital for Children's, en Boston Massachusetts. Este hospital se interesó por mi caso y en pocos días me mandaron a buscar. Mi madre no podía salir del país, ya que no tenía visa, así que mi papá tuvo que hacerse cargo de llevarme, mientras mi mama buscaba la forma de reunirse conmigo más adelante.

Era el mismo día de mi cumpleaños, 15 de noviembre ya habían pasado aproximadamente 4 meses de aquel trágico accidente. Con tristeza me despedí de mi madre, así viajé a un lugar desconocido; era un viaje lleno de esperanzas, ya que mi condición iba a cambiar; al menos es lo que esperábamos.

Mi madre tenía la ilusión de que me harían una cirugía plástica y todo estaría bien, pero no fue así. Al llegar al hospital me informaron, que la condición de mi quemadura era muy severa y la única solución serían varias cirugías reconstructivas, terapias y utilizar una máscara de silicona para bajar los queloides (Los queloides pueden formarse donde la piel ha sido dañada, Se forma tejido grueso que sobresale de la zona que está sanando y que hace que la cicatriz sea más grande que la lesión original).

Poco tiempo después le aprobaron la visa a mi mamá para que pudiera acompañarme durante ese proceso, mientras mi papá regresaba a República Dominicana.

Así pasé largos años en ese hospital, cirugías tras cirugías, seguido el proceso de terapias para que mis brazos y mis dedos pudieran recuperar la movilidad. Día y noche tenía que usar una máscara de silicona en mi cara, la cual solo se quitaba para comer o bañarme.

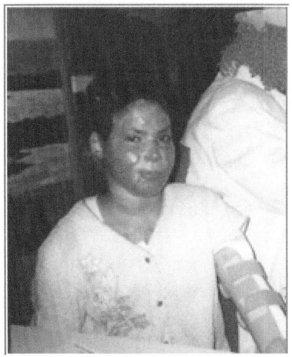

Elizabeth en su proceso de tratamiento médico

CAPÍTULO 5
DE NIÑA A MUJER

"Que él hace justicia al huérfano y a la viuda;
que ama también al extranjero
dándole pan y vestido".
Deuteronomio 10:18 (RVR 1960)

La relación con mi padre se había deteriorado, nos distanciamos por completo. En ese momento yo ya estaba viviendo junto a mi mamá y mis hermanos.

Una madre puede ser luchadora y tratar de cubrir las necesidades básicas de sus hijos, pero nunca podrá remplazar la ausencia de un padre. Siempre escuché a muchas mujeres decir incluyendo a mi mamá que se puede ser padre y madre a la vez. Hoy en mi adultez, me doy cuenta de que no es así, nadie sustituye a nadie ¡Toda ausencia paterna tiene un alto costo!

> *...crecer sin papa afecta la salud integral y desarrollo de los hijos.*

Sabemos que crecer sin un papá afecta la salud integral y desarrollo de los hijos, al igual que crecer sin una madre. De igual modo afecta el crecer en un hogar disfuncional, aunque ambos o uno de los padres estén presente.

En mi caso, desde mi niñez sufrí la ausencia física y emocional de ambos y cuando por fin lograba estar con uno de los dos era víctima de la inestabilidad. Todo eso sumado al proceso de mis quemaduras me llevó a convertirme más adelante en una joven insegura, con un gran vacío emocional, que muchas veces me hacía tener sentimientos encontrados, como tristeza y rabia siendo esto el detonador de muchas malas decisiones en mi vida.

Después de un tiempo obtuvimos la residencia de los Estados Unidos juntamente con mi madre y mis tres hermanos uterinos viajamos juntos a los Estados Unidos y poco tiempo después nos mudamos a Spring Valley New York, Este fue el comienzo de una nueva historia, conocimos nuevas personas, tuve que aprender un nuevo idioma (inglés) como segunda lengua y tener la experiencia de un empleo, luchando por salir adelante.

Después de muchos tropiezos cumplí mis 21 años, convirtiéndome en madre soltera de una hermosa niña. Ciertamente ambas atravesamos momentos oscuros, pero me abracé al amor de mi hija y obtuve las fuerzas que necesitaba para lograr mis sueños.

Me dediqué a trabajar y estudiar simultáneamente, logré ocupar posición de mánager, conducía mi propio vehículo del año, tenía mi apartamento, un buen ingreso, todo lo que una joven madre de mi edad pudiera desear y aunque todo parecía ir cada vez mejor, había un montón de situaciones no resueltas incrementando en mi interior.

CAPÍTULO 6
¿QUIÉN SOY?

*"Porque sus ojos están
sobre los caminos del hombre,
y ve todos sus pasos."*
Job 34:21 RVR1960

Creo que todos en algún momento de nuestras vidas nos hemos hecho esta pregunta, ¿Quién soy? El lograr entender esto, conlleva el enfrentarnos entre lo que creemos ser y lo que desearíamos ser, más allá de lo que pensamos, lo que sentimos, más allá de nuestra familia, amigos o logros. Pues cuando desconocemos quien es Jesucristo y sus propósitos para con nosotros, es imposible que nos valoremos a nosotros mismos, llevándonos a compararnos con los demás o mucho peor a aceptar cualquier cosa que no somos.

Jesús esta interesado en nosotros y desea que nosotros nos interesemos en él.

Jesús está interesado en nosotros y desea que nosotros nos interesemos en él, solo así lograremos recuperar nuestra identidad como hijos de Dios. Identidad puede interpretarse como circunstancia de ser efectivamente lo que decimos ser. Muchos de nosotros antes de ser creyentes teníamos la percepción errónea de que todos los seres humanos son hijos de Dios y no es hasta que descubrimos en las escrituras que una persona que no ha nacido de nuevo solo es creación de Dios. 1 Juan 1:12 Más a todos los que le recibieron, a los que creen en su nombre, les dio potestad de ser hechos hijos de Dios.

Para descubrir quienes realmente somos, primero debemos saber quién es Dios. Conocer a Dios es un gran privilegio e implica mucho más que conocerlo como una persona o como un espíritu. Cuando entendemos el por qué Cristo entregó su vida en la cruz, lo aceptamos y lo reconocemos en nuestras vidas entonces Dios pasa a ser nuestro padre celestial. ¡Qué maravilloso es que nosotros podamos conocerlo y reconocerlo a él como nuestro padre! Aunque ciertamente debemos conocerlo como Dios, Rey Soberano, Santo y Juez, el Señor quiere que nos acerquemos a él de manera transparente, entendiendo que nosotros ya no somos extraños, si, no hijos. Jesús enseñó que la oración es para los hijos y a través de la relación constante con nuestro Padre es como esos lazos de padre e hijo se van fortaleciendo, llevándonos a comprender no solo quienes somos, sino también nuestro propósito en esta tierra.

Jesús les dijo: Cuando oréis, decid: Padre nuestro que estás en los cielos... (Lucas 11:2).

Una mañana mientras estaba sentada en el escritorio de mi trabajo, escribí una nota al Dios que no conocía, decía lo siguiente: Señor, por favor ayúdame a cambiar, ya no quiero vivir así, por favor, dame una vida nueva, dame un esposo que me ame y me valore, dame una familia, yo no quiero ser así, yo necesito cambiar. Al terminar de escribir hice algo muy peculiar (no te recomiendo hacerlo, jajaja). Le dije a Dios: cómo no tienes un correo donde enviar las cartas, la echaré en el zafacón de basura y haremos de cuenta que es el buzón y tú la recibes. Así lo hice y seguí trabajando, sin saber que Dios todo lo ve. "Porque sus ojos observan los caminos del hombre, y él ve todos sus pasos". Job 34:21

Días después recibí un mensaje de texto de una de mis amigas me comentó que estaba atravesando por una situación difícil con su pareja, decidiendo así separarse de él y mudarse a otro estado, Massachusetts. Ella quería comenzar de cero en otra ciudad, así que le ayudé con su mudanza. Llegamos a una ciudad llamada Lawrence, después de varios días mi amiga me convenció de que me fuera a vivir con ella. En ese momento anhelaba un cambio y vi esto cómo la oportunidad perfecta.

En pocos días y sin pensarlo, tomé mis pertenencias, las subí en un camión de mudanzas, ligué mi vehículo al camión y así viajamos hasta Lawrence, MA. sin saber que me deparaba la vida en ese lugar. Al llegar a lo que era nuestro nuevo hogar, comencé a tener experiencias muy extrañas. Estaba tomando vino con más frecuencia, pasaba más tiempo sola en mi carro llorando.

En todos los años de mi vida nunca había sentido una tristeza tan profunda, era como si poco a poco me iba consumiendo, había experimentado tantas cosas y sabía que nada podía saciarme. Yo estaba convencida de que nada, absolutamente nada podía cambiar esto que sentía. Era como caminar en un desierto oscuro, sola con frío. Solo sabía que debía seguir caminando, aunque todo lo que podía ver era tinieblas.

Pasaban los días, me sentía muy extraña, no entendía que me sucedía, era como si poco a poco me estaba convirtiendo en otra persona. Llegué a considerar visitar a psicólogo, pero mi amiga se opuso, me dijo, tranquila todo estará bien. No, no todo estaba bien, yo sabía que no era cierto, mi vida no estaba bien, estaba atravesando unos de los momentos más difíciles de mi vida y no sabía lidiar con todos estos problemas emocionales y espirituales, necesitaba ayuda.

A una cuadra de nuestra casa había un letrero de una vidente o bruja, decidimos visitarla en busca de una respuesta. Al abrir la puerta de ese lugar, esta hacia un sonido, al parecer anunciándole que había personas en el local. Justo en frente observé una mesa redonda grande con varias sillas, una bola mágica sobre la mesa, decoraciones terroríficas colgadas en la pared, y unas cartas de tarot a un lado de la bola mágica. Me sorprendió mucho ver una joven estadounidense de aspecto hermoso dedicada a este oficio, por lo general las personas que había conocido en mi país que se dedicaban a esto eran personas mayores y por lo general de muy escasos recursos.

Nos sentamos, ella nos saludó, y nos preguntó ¿por qué estábamos ahí? Yo le comenté lo qué me estaba sucediendo, que llevaba días sin poder dormir, tomando más de lo normal, entre otras cosas. Ella me leyó el tarot y ciertamente acertó muchas de las cosas que estaba viviendo. En mi ignorancia pensaba que consultando estos poderes oscuros tendría la salida a mis problemas.

Después de varios días regresé a consultarla nuevamente y esta me dijo: "mira muchacha tú deberías de ir a una iglesia, y no cualquier iglesia" lo que tú tienes es muy fuerte y te puede matar y si yo lo hago subir te aseguro que puede matarte. Honestamente todo lo que pasaba por mi mente era, ¿una iglesia? ¿En serio? ¿Cómo una bruja me va a mandar a una iglesia? Lo menos que yo quería era visitar una iglesia en esa etapa de mi vida. Pues, aunque decía amar y hablar con Dios, no consideraba el ir a la iglesia como algo importante.

¡La misericordia de Dios es tan grande para con nosotros, que nunca la vamos a entender!

CAPÍTULO 7
LOS MISTERIOS
DE DIOS

"En este mundo todo tiene su hora;
hay un momento para todo
cuanto ocurre."
Eclesiastés 3:1(RVR1960)

Noviembre 15 del 2013, una noche llena de luces, bebidas y mucha diversión celebrando mi cumpleaños con una de mis amigas, justo cuando terminábamos de celebrar mi amiga comienza a insistir que quiere presentarme a su tía cristiana, ya que ella le había comentado que tenía algo importante que decirme de parte de Dios, lo más extraño es que su tía no me conocía.

Después de mucha insistencia acepté ir a su casa, con la condición de que no duráramos mucho en ese lugar, pues, aunque hablaba y según yo amaba a Dios, evitaba las personas que me predicaban, no quería tener nada que ver con ningún tipo de religión.

Al entrar a su casa me quedé observando aquella mujer ordinaria; su tono de piel un poco oscuro, robusta, pelo bien crespo, vestida de forma muy conservadora, cuando me acerqué a ella para saludarle, me sorprendió el tono de su voz bastante aguda, con una gran sonrisa comenzó a tambalearse de un lado a otro y a hablar en lenguas extrañas y aplaudiendo con gran fuerza. Me pareció muy extraña su forma de ser, me quedé sin palabras, un poco asustada y a la vez curiosa.

De pronto, ella exclamó: ¡vamos a orar! Yo comencé a sonreír, no sé si por los nervios o simplemente por su forma peculiar. Todo esto era nuevo para mí. Con una sonrisa en su cara ella comenzó a gritar: ¡Así es que me gustan que se rían! En mi interior lo único que yo podía decir era, "verdaderamente esta mujer está bien loca"

En ese lugar estaban dos jóvenes sentados a mi lado, los cuales, al escucharla a ella, rápidamente se pusieron sobre sus pies, alzaron sus manos, cerraron sus ojos y ella comenzó a orar en dirección a uno de ellos.

El Dios que no conocía

Ella podía hablar cosas sobre la vida de ambos, Nunca en mi vida había presenciado una persona con tanto poder y que hablara con tanta exactitud, pero ahí no quedó todo, esta mujer se volteó hacia mí y rápidamente comenzó a decirme que Dios fue quien me llevó a su casa, que él haría cosas grandes en mi vida, comenzó a declarar cosas ocultas acerca de mi vida, dejándome anonadada. Cuando terminó me extendió la invitación a su iglesia para el próximo domingo, honestamente no tenía intención de ir, pero la forma tan acertada como me habló hizo que me sintiera comprometida, así que acepté.

Al llegar el domingo me levanté temprano para prepararme y a mi pequeña niña y nos fuimos a la iglesia. Nos sentamos en la parte trasera de la congregación, yo quería pasar por desapercibida. Nunca en mi vida había ido a una iglesia pentecostal, el sonido de la música me molestaba, la gente saltaba de alegría, no entendía el sermón que estaban predicando, hablaban en lenguas extrañas, para mí era una locura, no podía comprender. Bien dice la Biblia: Pero el hombre natural no percibe las cosas que son del Espíritu de Dios, porque para él son locura, y no las puede entender, porque se han de discernir espiritualmente. 1 Corintios 2:14.

Al finalizar la predicación, el Pastor me preguntó ¿si yo quería aceptar a Cristo? Yo no tenía idea de lo que él me estaba preguntando, era mucha su insistencia, después de varios intentos fallidos, desistió y solo oró por mí. ¡No siempre la primera vez que entras a una congregación grandes cosas suceden! Solo hace falta una persona llena del poder de Dios que se deje usar por él fuera de las cuatro paredes como lo hizo esta mujer, pues, aunque no acepté a Cristo de inmediato, ella se encargó de ser esa luz con paciencia y amor hasta llevarme al camino verdadero, Cristo.

CAPÍTULO 8
DÍA DE SALVACIÓN

Porque él dice en las Escrituras
«En el momento oportuno te escuché;
en el día de la salvación te ayudé.»
Y ahora es el momento oportuno.
¡Ahora es el día de la salvación!
2 Corintios 6:2 (DHH)

Pues con el corazón se cree para alcanzar la justicia y con la boca se confiesa a Jesucristo para alcanzar la salvación. Romanos 10:10.

Una tarde, a finales de diciembre de ese mismo año, yo fui a visitar a la tía, pues habíamos creado una linda amistad, no me interesaba su religión, pero me llamaba la atención la forma como me hablaba de Dios. Llegué a su casa noté que ella estaba vestida para ir a su congregación, yo me ofrecí a llevarla y cuando llegamos al parqueo de su iglesia sentí un fuerte impulso de subir al servicio esa noche, le comenté que me daba vergüenza porque no estaba vestida adecuadamente, ella me motivó a subir, así que Parqueé el vehículo y subimos. Varias veces había subido esa escalera a visitar, más nunca imaginé que subirlas esa noche sería el comienzo de una nueva vida en Cristo Jesús.

Esta vez no me senté en la parte trasera, decidí sentarme más cerca del altar. Estaba predicando un joven evangelista, me llamó mucho la atención ver un joven predicando con tanto denuedo y sabiduría, era como si podía entender con facilidad su sermón y se sentía como si él estuviese hablando directamente conmigo, mis lágrimas comenzaron a rodar por mis mejillas, inicié una conversación interna con Dios, me sentía pecadora, le decía a Dios que por favor me perdonara, que lo necesitaba en mi vida. Era la primera vez que sentía ese impulso de querer pasar al frente, sabía que el momento de aceptar a Jesús había llegado, dentro mío sabía que él y nadie más que Dios, podía perdonarme, pero tenía vergüenza de pasar al frente, lo que la gente pudiera pensar de mí.

De pronto escuché al predicador decir, dice el Señor, si no quieres pasar al frente, ahí mismo donde estás sentada, puedes repetir conmigo esta oración: Señor Jesús, perdona todos mis pecados, hoy te acepto como mi Señor y Salvador, escribe mi nombre en el libro de la vida y no lo borres nunca más. Amén.

¡No te imaginas lo libre que me sentí! ¡Wow, cuan grande es el peso del pecado sobre nuestras vidas! Esa noche lo pude entender. Desde el momento que confesé a Cristo con mi boca y lo creí en mi corazón, sentí paz en mi corazón, experimenté lo que dice la Palabra en Mateo 11:28, Venid a mí todos los que estáis cansados y agobiados, y yo os haré descansar.

¡Era solo el inicio de una nueva aventura! Desde esa noche muchas cosas en mi interior comenzaron a cambiar, como por ejemplo mis intereses. Mis amigas y yo teníamos una fiesta programada para despedir el año en los próximos días, al llegar a la discoteca no podía conectarme con ese ambiente. Honestamente me sentía como un gusano en medio de un gallinero, después de una hora decidí regresar a mi casa.

Justo cuando abrí la puerta de mi apartamento me tiré al piso y comencé a llorar, gemía desconsoladamente, mis amigas se sorprendieron al verme así, no era común verme llorando y menos en esa condición. Sentía un gran dolor en mi alma, no entendía lo que me estaba sucediendo, solo sé que desde ese día nunca más quise participar de una fiesta.

Mi interés por congregarme incrementaba, prestaba mucha atención a las palabras que predicaban y siempre tomaba notas de todos los mensajes.

Aunque no era mucho lo que entendía sobre las historias de la Biblia, me propuse tomar las cosas de Dios con mucha responsabilidad. Cuando llegaba a mi casa leía por largas horas la Biblia, hasta que un día, me encontré con esta cita bíblica: Santiago 1:5-6. "Si a alguno de vosotros le falta sabiduría, pídala a Dios y él se la dará; pues Dios da a todos, sin limitaciones y sin hacer reproches...

Sabía que no era suficiente con ser inteligente para comprender la palabra de Dios, necesitaba sabiduría y una sabiduría que solo él podía darme. Así que oraba largas horas a Dios pidiendo sabiduría para comprender su palabra, quería conocerlo y tener una verdadera relación con él.

No basta con pedir a Dios sabiduría de su palabra, se debe ser diligente en el estudio de la misma ¿cómo se puede saber si él nos ha concedido sabiduría, si no estudiamos su palabra?

CAPÍTULO 9
NUEVA VIDA EN CRISTO

*"De modo que, si alguno está en Cristo,
nueva criatura es: las cosas viejas pasaron;
he aquí todas son hechas nuevas."*
2 Corintios 5:17 (RVR1960)

Una noche mientras oraba en mi habitación le pregunté a Dios, Señor, ¿quién eres? Quiero escucharte, a lo que oí una fuerte voz como estruendo decir; ¡Elizabeth, Yo soy el Alfa y Omega, ¡el principio y el fin! ¡Alabado sea el Señor! ¡Todo lo que mi corazón anhelaba era pasar más y más tiempo en su presencia! No te imaginas como crecía mi amor por Dios y por supuesto, de esa misma forma intensificaban las guerras tanto espirituales, emocionales, ¡créeme no es fácil!

Cuando entregamos nuestra vida al Señor esperamos que nuestros problemas se resuelvan y no, no es así, ¡ahí es cuando comienza el verdadero problema! Entramos en un conflicto interno con nuestra carne (malos deseos), el mundo y el reino de las tinieblas. En este proceso se debe ser intencional en la negación al yo. Cristo dijo que, para seguirle a él, debíamos negarnos a nosotros mismos, tomar nuestra cruz y seguirle (Mateo 16:24).

Una mañana, de camino a la iglesia, mi pastor se acercó a mí y me dijo: hija, ora y pide a Dios que te bautice con su Espíritu Santo. ¿Espíritu Santo? ¡Ni siquiera había oído sobre el Espíritu Santo! Creo que en ese momento era como aquellos discípulos que conoció el apóstol Pablo en su viaje misionero por Asia menor, pues, aunque eran discípulos de Juan el Bautista les faltaba algo, recibir al Espíritu Santo (Hechos 19: 1-6).

El Espíritu Santo es Dios habitando en nosotros, no es un poder, ni una fuerza, es Dios, es una persona divina, un ser con una mente (1ª Corintios 2:10), con voluntad (1ª Corintios 12:7-11), con emociones (Efesios 4:30) El intercede por nosotros (Romanos 8:26-27). El Espíritu Santo es el que produce la obra de regeneración en nosotros y como Dios, el Espíritu Santo puede funcionar verdaderamente como consejero y Consolador, tal como lo prometió Jesús. (Juan 14:16, 26; 15:26). No solo esto, sino que cuando recibimos al Espíritu santo, entonces recibimos poder (habilidad, eficiencia y poderío) este poder nos permite vencer el pecado, nos habilita para servir a Dios y nuestros semejantes y sobre todo es nuestra garantía de que Cristo regresará por su iglesia, el Espíritu Santo nos libertará de este cuerpo de pecado "El Espíritu es la garantía que tenemos de parte de Dios de que nos dará la herencia que nos prometió y de que nos ha comprado para que seamos su pueblo. Dios hizo todo esto para que nosotros le diéramos gloria y alabanza." (Efesios 1:14, NTV).

Así que mi oración cambio desde ese instante, le pedía a Dios que me bautizara con su Santo Espíritu. Una de esas noches mientras oraba acostada en el piso, tuve una visión, vi cómo el Espíritu Santo entró en el cuarto, era alto, no tenía rostro, todo su cuerpo era transparente, tenía las siluetas como de un hombre, pero a su vez era una mezcla de agua y electricidad, entró en mí, yo podía verme sentada frente a una fogata mientras él hablaba en lenguas conmigo, cuando yo trataba de preguntarle ¿qué estaba haciendo? Lo hacía en lenguas, luego él tomaba leña y la echaba en el fuego en mi interior, y esta ardía.

Dios la inquietó a hablarme y me dio un mensaje de parte del Señor.

Cuando abrí mis ojos eran aproximadamente las 3:00 a.m. Recibí una llamada de una Pastora, me dijo que Dios la inquietó a hablarme y me dio un mensaje de parte del Señor. Ahí pude entender que por fin había recibido el bautismo del Espíritu Santo.

Tu experiencia no tiene por qué ser igual a la mía, todos experimentan el bautismo del Espíritu Santo de diferentes formas, por ejemplo, en la Biblia algunos recibieron al Espíritu Santo por imposición de manos. Hechos 8:17 Entonces les imponían las manos, y recibían el Espíritu Santo.

¡Lo que si te puedo asegurar es que una vez recibes al Espíritu Santo tu vida nunca más vuelve hacer igual!

CAPÍTULO 10
REGENERACIÓN

Él nos salvó, no por obras de justicia que nosotros hubiéramos hecho, sino conforme a su misericordia, por medio del lavamiento de la regeneración y la renovación por el Espíritu Santo.
Tito 3:5 (RVR1960)

¿Qué es regeneración? La idea fundamental de la regeneración es nacer de nuevo o ser restaurado. Lo cual es un milagro y un cambio radical en la vida de los seguidores de Cristo. Así como en nuestro nacimiento físico entramos en un mundo terrenal, nuestro nacimiento espiritual resulta en una nueva persona que entra en el reino de los cielos (Efesios 2:6). Después de la regeneración, comenzamos a ver, a oír y a buscar las cosas celestiales; empezamos a vivir una vida de fe guiada por el Espíritu Santo, si es que se lo permitimos. "... dejen que el Espíritu guíe su vida y no complazcan los deseos perversos de su naturaleza carnal" Gálatas 5:16.

Gracias a Dios y su santo Espíritu podía tener mayor entendimiento de la palabra de Dios, comencé a ver más visiones con frecuencia, hablar en géneros de lenguas y comunicar a los demás con denuedo la palabra de Dios, y lo más impresionante, el Señor me enseñó a perdonar.

El Espíritu Santo me dirigió a hacer una lista con los nombres de todas las personas que debía perdonar. ¡Perdonar nunca es fácil! Pues por naturaleza somos orgullosos, pero el que ha nacido de nuevo, comprende la importancia del perdón, no solo a aquellos que nos ofenden, si no a aquellos que nosotros también hemos ofendido.

Tomé mi teléfono y llamé una por una cada una de esas personas y a las que no pude llamar les escribí mensajes de texto pidiéndoles perdón. Independientemente de que me perdonaran o se burlaran de mí, esta era mi decisión, ¡perdonar! Después de todo, la más beneficiada seria yo.

Mateo 6:14-15 Porque si perdonáis a los hombres sus ofensas, os perdonará también a vosotros vuestro Padre celestial; mas si no perdonáis a los hombres sus ofensas, tampoco vuestro Padre os perdonará vuestras ofensas.

¿Sabías que existe una gran diferencia entre perdonar y restaurar? ¡Si, así es! Perdonar no es olvidar la ofensa o justificarla, perdonar implica una decisión intencional de dejar atrás el resentimiento, la ira y el deseo de venganza.

Por otro lado, restaurar es volver algo a su estado original. No todas las personas que perdonamos necesariamente continúan siendo parte de nuestras vidas, a veces hay que mantener una distancia saludable para bienestar de todos. Pues para que pueda haber una restauración el ofensor debe estar verdaderamente arrepentido y buscar dicha restauración. Muchas veces no depende de nosotros que las relaciones se restauren, pero el perdón si es nuestra obligación como creyentes y seguidores de Cristo. No necesariamente sentimos perdonar, pero debe ser nuestra decisión el hacerlo.

Una de las personas que me costó perdonar fueron mis padres, tenía muchos resentimientos hacia ellos por todo lo vivido en mi infancia. Como te mencioné al principio, el hecho de que perdonemos no quiere decir que borraremos el pasado, lo que sucede al perdonar es que ya no sientes ese sentimiento de odio, dolor o venganza al pensar en lo sucedido. ¡qué rico se siente soltar la ofensa! No solo me sentí libre, sino que les brinde a mis padres la oportunidad de vivir mejor sin esa carga emocional de los hechos pasados. Aprendí que mis padres hicieron lo que hicieron porque no sabían hacerlo de otra manera. Y aunque no lo creas cuando decidimos perdonar a nuestros padres o cualquier persona, en realidad nos estamos perdonando a nosotros mismos.

CAPÍTULO 11
PROPÓSITO

"El hombre hace muchos planes.
Pero solo se realiza el propósito divino."
Proverbios 19:21

Con tan solo un año de haber entregado mi vida a Cristo, el Señor me permite pasar por un proceso muy difícil donde lo perdí todo, llegando al punto de quedarme sin hogar, tuve que vivir en casa de una hermana de la iglesia por varios meses. Yo sentía como si de una forma cruel me hubieran despojado de todo lo que tenía, mis sueños, mi casa, mi carro y comodidades. Lo que parecía ser un despojo, era en realidad Dios obrando en mí. Es en medio de esos procesos donde el Señor prueba nuestros corazones, para que nosotros veamos si realmente le amamos o no, del mismo modo que lo hizo con su pueblo al llevarlos al desierto.

Recuerda el camino por el que el Señor tu Dios te guio durante todos estos 40 años en el desierto, para enseñarte a ser humilde, ponerte a prueba y saber lo que tú pensabas: para saber si ibas a obedecer sus mandamientos o no. (Deuteronomio 8:2 PDT)

Durante ese proceso fue donde conocí y más adelante contraje matrimonio con mi esposo, un hombre de escasos recursos, que había pasado por una situación similar a la mía de quemadura. Con relación a esto, las personas que integraban mi entorno, entre ellos familiares, amigos y hermanos de la iglesia; decían que él, no calificaba para ser mi esposo. Pero, aunque no contaba con el "perfil" apropiado en términos humanos, este era el hombre que Dios había escogido para mí, según sus propósitos. Nadie podía entenderlo en el momento (incluyéndome).

Atravesamos por muchos contratiempos para poder contraer nupcias, era muy difícil para mi entender el propósito de Dios en ese momento, el Señor nos prometía de que juntos íbamos a trabajar en el ministerio pastoral, que tendríamos una familia ejemplar, que él bendeciría nuestras vidas en gran manera. Pero la realidad que estábamos viviendo era todo lo contrario a las promesas de Dios en ese instante, puesto que ninguno de los dos poseíamos recursos económicos en ese momento, solo éramos dos jóvenes apasionados por Dios, que a pesar de no ver nada decidimos caminar en fe.

En nuestra luna de miel, ocurrió algo impresionante, al llegar a la habitación de hotel. Habíamos ordenado comida china, la persona de nacionalidad china que nos trajo el pedido era cristiana, esto no fue lo único que me impactó; sino el hecho de que ella traía un mensaje de parte de Dios para nuestras vidas. ¡Qué lindo es nuestro Padre celestial, que, aunque nuestros ojos vean lo opuesto, él es fiel a sus promesas! Nosotros muchas veces podemos confundirnos, ya que cuando Dios habla pensamos que sus palabras se cumplirán de forma inmediata. No entendemos que para ver el cumplimiento primero nuestro carácter debe ser formado.

> *¡Qué lindo es nuestro Padre celestial, que, aunque nuestros ojos vean lo opuesto, él es fiel a sus promesas!*

Después del hotel fuimos a vivir a una habitación en casa de unos familiares no creyentes de mi esposo, era una casa vieja, las cucarachas se paseaban como dueñas de ese lugar, los fines de semana sus parientes celebraban fiestas con bebidas alcohólicas y música a alto volumen. Vivir en ese lugar era una verdadera locura. ¡Oh, amado lector, no te imaginas lo difícil que fue para nosotros vivir bajo esa condición! Había momentos donde yo quería salir corriendo y soltarlo todo!

¿Qué Dios quería enseñarnos, en especial a mí? ¿Por qué el Señor no usó a alguien para darnos una casa? Me tomó mucho tiempo aprender que Dios no quiere desaparecer nuestros problemas de forma mágica, si no, que el propósito de Dios es capacitarnos con una nueva manera de pensar para que podamos enfrentar las circunstancias difíciles a la manera de Dios y no a la nuestra, es decir formar nuestro carácter.

... Mejor dejen que Dios transforme su vida con una nueva manera de pensar. Así podrán entender y aceptar lo que Dios quiere y también lo que es bueno, perfecto y agradable a él. (Romanos 12:2 PDT)

"Dejen que Dios transforme sus vidas con una manera nueva de pensar". El cambio requiere un pensamiento nuevo nuevas inclinaciones y un cambio en nuestros sentimientos más profundos. Para lograrlo necesitamos aprender la verdad de Dios, convirtiéndola en nuestro alimento predilecto y accionando conforme a ella, entendiendo que la batalla por el pecado radica en nuestra mente y luego se manifiesta a través de nuestro comportamiento, es en nuestra mente donde ganamos o perdemos nuestras batallas. Por eso debemos ser conscientes y liberar nuestra mente de pensamientos destructivos, creencias falsas y valores culturales opuestos a lo que quiere el Señor de nosotros y para eso necesitamos ser intencionales, abrazando como algo muy nuestra la palabra de Dios.

Fue en medio de ese proceso donde mi esposo y yo aprendimos la importancia de trabajar en equipo. Claro que durante el paso del matrimonio existen esos momentos difíciles, pero es justo en medio de ellos cuando debemos permitir al Espíritu Santo guiar nuestras vidas, aprendiendo así del proceso, en vez de quejarnos del proceso.

Determinados comenzamos a caminar en fe, cruzando por cada puerta que el Señor nos habría, predicando en otras ciudades de los Estados Unidos. Sabiendo que Dios había hablado de muchas maneras a nuestras vidas sobre un llamado Pastoral y evangelístico, decidimos hablar con nuestros pastores y presentarles la visión del ministerio al cual el Señor nos estaba llamando. Él nos apoyaba, sin embargo, nos dijo que, aunque él entendía que Dios haría grandes cosas con nosotros, debíamos esperar a que Dios se lo revelara a él. Esto no nos desanimó, al contrario, intensificamos nuestras oraciones para que Dios revelara a nuestro Pastor lo mismo que él había hablado a nuestras vidas.

Pasado largos meses en ayuno y oración, nuestros pastores decidieron organizar una actividad de tres días donde nosotros testificaríamos acerca de la forma tan increíble de que tanto mi esposo como yo habíamos sufrido quemaduras el mismo año, el mismo mes y en el mismo país (diferentes lugares), aunque no nos conocíamos en ese momento, sino hasta 13 años después de haber sufrido ese trágico accidente, cuando ambos ya servíamos al Señor. Una semana antes de esa actividad, decidimos hacer un ayuno de tres días corridos, nos encerramos en casa, junto a nuestro mejor amigo Jeffrey. Varias veces habíamos hecho este tipo de ayuno, sin embargo, este fue bastante forzoso. Sentíamos una guerra muy fuerte; ya para el último día cuando íbamos a entregar nuestro ayuno, una vecina cristiana que vivía en el primer piso de nuestro apartamento me llamó por teléfono diciendo que Dios le había dicho que debía orar por nosotros.

Sorprendidos la invitamos a pasar, ella sacó un frasco de aceite y mientras orábamos nos ungió la cabeza a ambos diciendo: Así dice el Señor: los unjo para el ministerio evangelístico y pastoral, la presencia de Dios nos arropó en ese lugar.

Todo eso era genial, el detalle es que estábamos en espera de que Dios se lo revelara a nuestro Pastor.

El último día de la actividad, nuestro Pastor nos llamó en frente de toda la congregación explicando como Dios la noche anterior le había revelado que debía ungirnos públicamente a pleno ministerio, Dios le había hablado de que debía darnos su aprobación para que pudiéramos servir a en el ministerio. Así el Señor confirmó públicamente que él nos había llamado y no nosotros a nosotros mismos. Llenos de gozo y disposición, tomamos responsabilidad de lo que Dios nos había delegado, caminando en fe.

¡No todo es color de rosas! En esa misma semana recibimos una llamada telefónica que nos robó la alegría ¡Nunca olvidaré esa tarde cuando sonó mi celular! La madre de mi esposo había fallecido. No te imaginas lo duro que fue esto para nosotros, el tener que ver a mi suegra tendida en una cama sin signos vitales y mi esposo llorando desconsoladamente. Superar un duelo nunca es nada fácil, es un proceso con altas y bajas, pero, como creyentes siempre podemos correr a la palabra y obtener consuelo extremo en el amor de Dios.

Atender el llamado de Dios es sin duda un gran desafío y a la vez una gran bendición, lleno de momentos agridulces, con pérdidas, enfrentando pobreza, dolor, como también abundancia y momentos de felicidad. Y es ahí, mientras atravesamos cada etapa donde Dios nos enseña a ser pacientes, a amar a los demás, ayudarles, consolarles y, sobre todo, hablarles de Jesús, de su amor y misericordia. Para esto nos ha llamado el Señor, para dar a otros de lo que él nos ha dado.

Es Pablo quien nos enseña los grandes retos que debemos estar dispuestoa a afrontar, que él vivió en carne propia.

Sé vivir en pobreza, y sé vivir en prosperidad; en todo y por todo he aprendido el secreto tanto de estar saciado como de tener hambre, de tener abundancia como de sufrir necesidad. Todo lo puedo en Cristo que me fortalece… Lo he recibido todo y tengo abundancia; estoy bien abastecido. (Fil. 4:12–13, 18).

Cada proceso nos enseña a entregarnos por completo a la voluntad de Dios y no vivir para uno mismo, siendo canal de bendición para los demás, pues ya no vivimos para nosotros, sino para aquel que nos llamó.

CAPÍTULO 12
¿A DÓNDE?

Todo iba marchando bien en nuestras vidas, estábamo experimentando una lluvia de bendiciones, tanto económica como ministerialmente, viajando todos los fines de semana llevando el mensaje del reino a diferentes lugares. Hasta que un día, el Señor nos comenzó a inquietar de que el tiempo de nuestro Pastorado había llegado.

¡Ser Pastores, no es cualquier cosa! En el llamado Pastoral, se requiere mucha responsabilidad, dicho eso, el ministerio pastora no es para todos. Es espiritualmente exigente, emocional y económicamente difícil, físicamente complicado. Somete a uno y a toda la familia bajo presiones extraordinarias.

No era un deseo personal, no era un esfuerzo humano por esta a la altura de los demás, ni un sentimiento de rebeldía lo que no impulsaba a tomar este gran desafío. ¡Era Dios mismo quien no estaba llamando! ¿Por qué Dios querría movernos a otra ciudad a comenzar de cero a levantar una iglesia? Estábamos establess éramos miembros de nuestra congregación, todos nos amaban teníamos buen testimonio, buena comunicación con nuestro líderes y hermanos y sobre todo estábamos experimentando el mejor momento como evangelistas. Dios nos estaba llevando a impactar una generación diferente con la visión que él nos había entregado, pero para ello, era necesario sacarnos del lugar donde nos encontrábamos.

La historia de Iglesia Poder de Dios sin Límite, Inc.

Comenzamos a orar pidiendo guía con respecto a donde nos ubicaríamos. Este es el primer paso que cualquier persona debiera tomar antes de comenzar una nueva iglesia: oran pidiendo dirección. Proverbios 28:26 dice: "El que confía en su

El Dios que no conocía

propio corazón es necio; más el que camina en sabiduría será librado." Como no teníamos patrocinador podíamos ubicarnos en cualquier lugar que quisiéramos. La pregunta era, ¿dónde quería Dios que fuéramos?

Después de tres meses, Dios puso en nosotros la impresión de que sería en Carolina del Norte. Hablamos con un amigo Pastor que radicaba en la ciudad de Greensboro NC, y ahí nos ubicamos por un año como familia. Durante ese tiempo iniciamos servicios en nuestro hogar, algunas familias se unían, Dios se manifestaba haciendo milagros, libertando personas, pero nadie se quedaba. Comenzamos a cuestionarnos ¿si realmente esta era la ciudad donde Dios nos quería?

Un día nos tocó viajar a predicar a la ciudad de Charlotte, habíamos salido hambrientos después de ministrar, decidimos cenar en un restaurante de panqueques llamado IHOP. Mi esposo estaba pidiendo al Señor que le confirmara si Charlotte era la ciudad donde debíamos comenzar, así que pidió al Señor como señal, que las personas que estaban sentadas en frente nuestro se levantaran y nos saludaran con un Dios les bendiga. En ese mismo instante escuchó la voz de Dios que le dijo, no es a tu manera que lo haré, sino a la mía. Noté que mi esposo estaba callado esa noche, pero no quise preguntar que le pasaba, ¡habíamos tenido un largo día, quizás estaba cansado! Justo cuando íbamos a pagar la cuenta, la mesera nos dijo, no se preocupen alguien más acaba de pagarla y les dejo dicho que el Señor les bendiga.

Este hecho hizo que nos llenáramos de emoción, sabíamos que Charlotte era una ciudad en crecimiento de North Carolina. Donde quiera que las comunidades estuvieran creciendo con tanta rapidez, sabíamos que existiría la necesidad de nuevas iglesias.

El siguiente paso fue buscar un apartamento donde ubicarnos como familia, pensábamos esperar unos cuantos meses antes de comenzar a levantar la iglesia. Dios se encargó de que el trámite de mudanza fuera rápido. El mismo día que llegamos a nuestro nuevo apartamento, nos llamó un joven del área que había tenido comunicación anteriormente con mi esposo a través de las redes sociales, ese mismo día pasó a saludarnos y para sorpresa nuestra lo que veíamos comenzar en unos meses, Dios lo hizo en días. Este joven nos invitó a su casa para llevar la palabra de Dios y en menos de un mes ya había un grupo pequeño de jóvenes llegando a su sala para recibir el mensaje del reino.

Poco tiempo después comenzamos a buscar local para hacer nuestras reuniones. Después de una búsqueda intensa encontramos una conferencia de un hotel que estaban dispuestos a rentarnos el espacio por $100 dólares al día, movidos por fe aceptamos el reto.

Nos hubiera gustado tener el apoyo financiero para la iglesia antes de trasladarnos a Charlotte, pero no funcionó de esa manera. En cambio, nos movimos en fe. Eclesiastés 11:4, dice: "Si esperas condiciones perfectas, nunca realizaras nada". Si insistimos en resolver todos los problemas antes de tomar una decisión, nunca conoceremos la emoción de vivir por fe.

Mientras veíamos como Dios confirmaba de muchas, muchas maneras nuestra decisión de comenzar una iglesia en aquellos primeros días, aprendimos una importante lección: Cuando Dios te llama, siempre proveerá para ese llamado. ¡Dios es fiel, siempre cumple sus promesas! ¡Aleluya!

Mi esposo y yo teníamos bien clara nuestra visión de alcanzar a los no creyentes, decidimos que no intentaríamos atraer a ningún creyente de otras iglesias. Ni siquiera llamaríamos obreros de la iglesia donde habíamos salido para comenzar Iglesia Poder de Dios sin límite, nunca animamos a hermanos de la congregación de donde habíamos salido a transferirse a nuestra Iglesia. Nuestra orientación es y siempre será alcanzar personas que no pertenecen a otra iglesia. En nuestra congregación continuamente nos recordamos esta afirmación.

Luego atravesamos por uno de los momentos más difíciles como nación en el año 2020 donde por causa del COVID todos los locales tuvieron que cerrar sus puertas, incluyendo las iglesias. Continuamos trabajando con las personas vía ZOOM, una plataforma en línea que permite realizar videollamadas y de ese modo continuábamos compartiendo la palabra de Dios, esto no fue un obstáculo, al contrario, Dios añadía a la iglesia más personas.

Cuando llegó el momento de volver a reunirnos como iglesia, no contábamos con la conferencia de hotel, oramos a Dios para que abriera puertas a favor nuestro y el día menos pensado alguien nos llamó para hablarnos de un local, era una iglesia afroamericana que alquilaba su facilidad, el único inconveniente es que ellos cobraban $1,000 dólares, era un gran reto para nosotros pues nuestra iglesia no contaba con los recursos financieros necesarios. A pesar de nuestros temores debíamos movernos en marcha hacia adelante, convencidos que Dios se glorificaría.

Ciertamente Dios se glorificó de manera sorprendente Dios proveyó para este lugar. Después de dos meses sentimos un fuerte impulso de que debíamos buscar otro local más espacioso. Un día mientras paseábamos vimos un local de Iglesia pequeño, detuvimos el carro y comenzamos a espiar por la puerta de cristal, se miraba vacío. Llamamos a la compañía encargada de alquilar ese local, no dimos con nadie, pero no nos detuvimos, buscamos en las redes sociales la dirección de la oficina central y halla fuimos.

¡Si, el local estaría disponible en los próximos días¡ ¡Genial, que gran noticia! Otra vez nos encontramos enfrentando el mismo problema, recursos económicos. No sentimos temor alguno, sabíamos que, si Dios había abierto puertas en el pasado esta vez lo haría otra vez, y si, así fue, comunicamos la situación a nuestros miembros y pocos días después todos colaboraron, algunos con sus recursos económicos, otros con sus dones y talentos en la construcción de lo que más adelante se convirtió en lugar donde celebraríamos fiestas a nuestro Dios.

El Señor nos entregó una congregación hermosa, Iglesia Poder de Dios sin Límite, Inc., en la ciudad de Charlotte Carolina del Norte, donde experimentamos domingos tras domingos la misma gloria de Dios, hemos visto a Dios obrar en milagros, liberación y sobre todo restaurando familias.

No solo hemos crecido como personas, sino que hemos crecido como ministros del Señor. El Dios que no conocía, me amó primero; dio sentido a mi vida. Aunque no entendía el proceso, ahora puedo ver sus promesas cumplidas en mi vida y la de mi familia. La prueba de que él es real soy yo misma, pues sin él no sería la persona que soy hoy y sé que esto es solo el principio del cual no veremos el fin. ¡Vale la pena servir a Cristo!

Así que, amado lector, si todavía no has tenido un encuentro con

El Dios que no conocía

Cristo te animo a darle la oportunidad en tu vida. 1 Tesalonicenses 5:23 Y el mismo Dios de paz os santifique por completo; y todo vuestro ser, espíritu, alma y cuerpo, sea guardado irreprensible para la venida de nuestro Señor Jesucristo. 1Ts 5:24 Fiel es el que os llama, el cual también lo hará.

ORACIÓN DE FE

Padre que estas en los cielos reconozco que soy pecador, te pido que me perdones. Creo que tu enviaste a Jesucristo a morir por mí y lo acepto en mi vida hoy, por favor, desde hoy comienza a obrar en mi vida y bautízame con tu santo Espíritu. ¡Amén!

SOBRE EL AUTOR

Elizabeth Presinal es fundadora de la Iglesia Poder de Dios sin Límite INC., junto a su esposo el Pastor Henry Presinal en la ciudad de Charlotte, Carolina del Norte.

También es escritora, conferencista, usada por Dios en liberación, entre otros dones. Caracterizada por llevar la palabra del señor de una manera apasionada.

Entregó su vida a Cristo en el año 2014 en la ciudad de Lawrence MA.

Es madre de tres niñas hermosas: Elly, Mia y Luna.

Siempre bajo la encomienda de llevar el mensaje de salvación y restauración a todas las personas.

EL DIOS
QUE NO CONOCÍA
Elizabeth Presinal

Made in the USA
Middletown, DE
16 April 2023

28773551R00046